ትምህርት ቤት - maktab 2
ጉዞ - sayohat 5
መጓጓዣ - transport 8
ከተማ - shahar 10
መልክዓምድር - manzara 14
ምግብ ቤት - restoran 17
የሸቀጣ ሸቀጥ መደብር - supermarket 20
መጠጦች - ichimliklar 22
ምግብ - taom 23
እርሻ - chorvachilik xo‘jaligi 27
ቤት - uy 31
ሳሎን - mehmonxona 33
ማድቤት - oshxona 35
መታጠቢያ ቤት - vannaxona 38
የልጅ ክፍል - bolalar xonasi 42
አልባሳት - kiyim 44
ቢሮ - idora 49
ኢኮኖሚ - iqtisod 51
የስራ ሙያዎች - kasblar 53
መሳሪያዎች - asboblar 56
የሙዚቃ መሳሪያዎች - musiqa asboblari 57
የደር እንስሳት ማቆያ - hayvonot bog‘i 59
የስፖርት አይነቶች - sport o‘yinlari 62
እንቅስቃሴዎች - mashg‘ulot 63
ቤተሰብ - oila 67
አካል - tana 68
ሆስፒታል - shifoxona 72
ድንገተኛ - tez yordam 76
ምድር - yer 77
ሰዓት - soat 79
ሳምንት - xafta 80
ዓመት - yil 81
ቅርፆች - shakllar 83
ቀለማት - ranglar 84
ተቃራኒዎች - qarama-qarshi ma'noli so'zlar 85
ቁጥሮች - raqamlar 88
ቋንቋዎች - tillar 90
ማን/ ምን/ እንዴት - kim / nima / qanday 91
የት - qayerda 92

Impressum
Verlag: BABADADA GmbH, Nedderfeld 112 , 22529 Hamburg
Geschäftsführer / Verlagsleitung: Harald Hof
Druck: Books on Demand GmbH, In de Tarpen 42, 22848 Norderstedt

Imprint
Publisher: BABADADA GmbH, Nedderfeld 112 , 22529 Hamburg, Germany
Managing Director / Publishing direction: Harald Hof
Print: Books on Demand GmbH, In de Tarpen 42, 22848 Norderstedt, Germany

1

ትምህርት ቤት
maktab

ማካፈል / bo'lmoq

ሰሌዳ / doska

መማሪያ ክፍል / sinf

የትምህርት ቤት ቅጥር ግቢ / maktab hovlisi

መምህር / o'qituvchi

ወረቀት / qog'oz

እ ክሪብኝ / ruchka

መፃፍ / yozmoq

መፃፊያ ጠረጴዛ / ish stoli

ማ መሪያ / lineyka

መጽሐፍ / kitob

ተማሪ / o'quvchi

የጀርባ ቦርሳ
osma sumka

የእርሳ መያዣ
qalamdon

እርሳ
qalam

የእርሳ መቅረጫ
qalam uchlagich

ላጲ
o'chirgich

የ ዕል ደብተር
rasm albomi

ስዕል
chizmachilik

የቀለም ብሩሽ
bo'yoq cho'tka

የቀለም ሳጥን
bo'yoqdon

መቀስ
qaychi

ማጣበቂያ
yelim

መልመጃ ደብተር
mashg'ulot daftari

የቤት ስራ
uy ishi

ቁጥር
raqam

መደመር
qo'shmoq

መቀነስ
ayirmoq

ማባዛት
ko'paytirmoq

ቁጥሮችን ማስላት
sanamoq

ደብዳቤ
xat

ፊደላት
alifbo

ቃል
so'z boyligi

ትምህርት ቤት - maktab

ፅሑፍ

....

matn

ማንበብ

....

o'qimoq

ጠመኔ

....

bo'r

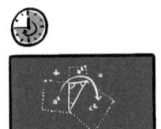

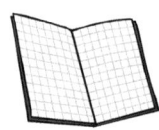

ትምህርት

....

dars

ምዝገባ

....

jurnal

ፈተና

....

imtihon

ሰርተፊኬት

....

guvohnoma

የትምህርት ቤት የደንብ ልብስ

maktab formasi

ትምህርት

....

ta'lim

አዉደ ጥበብ

....

qomus

ዩኒቨርስቲ

....

oliygoh

የምርምር አጉሊ መሳርያ

....

mikroskop

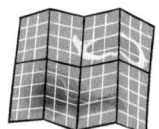

ካርታ

....

xarita

የቆሻሻ ወረቀት መጣያ ቅርጫት

....

urna

ጉዞ / sayohat

ሆቴል / mehmonxona

ማረፊያ ቤት / sayyohlar yotoqxonasi

የዉጭ ገንዘብ ምንዛሪ ቢሮ / pul ayirboshlash shahobchasi

ልብስ መያዣ ሻንጣ / chemodan

መኪና / mashina

ቋንቋ
til

አዎ/ አይደለም
ha / yo'q

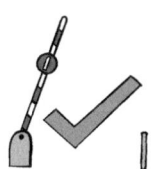

እሺ
Xo'p

ሰላም
salom

አስተርጓሚ
tarjimon

አመሰግናለሁ
Raxmat

ስንት ነዉ.......?
necha pul...?

አልገባኝም
Tushunmadim

እክል
muammo

እንደምን አመሹ!
Xayrli kech!

እንደምን አደሩ!
Xayrli tong!

መልካም ምሽት!
Xayrli tun!

ደህና ይሰንብቱ
ko'rishguncha

አቅጣጫ
yo'nalish

ሻንጣ
yo'lovchi yuki

ቦርሳ
safarxalta

የጀርባ ቦርሳ
yuk xalta

እንግዳ
mehmon

ክፍል
xona

የመተኛ ቦርሳ
uyquqop

ድንኳን
palatka

ጉዞ - sayohat

የጎብኚዎች መረጃ

sayohlarga ma'lumot berish stoli

የባህር ዳርቻ

plyaj

ክሬዲት ካርድ

omonat karta

ቁርስ

nonushta

ምሳ

nonushta

እራት

kechki ovqat

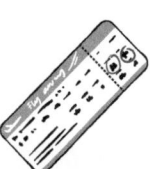

ቲኬት

chipta

አሳንሰር

lift

ማህተም

marka

ድንበር

chegara

ባህሎች

bojxona

ኤምባሲ

elchixona

ቪዛ/የይለፍ ወረቀት

viza

ፓስፖርት

pasport

መጓጓዣ
transport

አዉሮፕላን
samolyot
መርከብ
kema
የእሳት አደጋ መኪና
o‘t o‘chiruvchi mashina
avtobus
የጭነት መኪና
yuk avtomobili
የሞተር ጀልባ
motorli qayiq
ብስክሌት
velosiped
መኪና
mashina

የማመላለሻ ጀልባ

solsimon yassi kema

ጀልባ

qayiq

የሞተር ብስክሌት

mototsikl

የፖሊስ መኪና

posbon mashinasi

የዉድድር መኪና

poyga mashinasi

የኪራይ መኪና

kiraga olingan avtoulov

8 መጓጓዣ - transport

የመኪና መጋራት
avtoijara

ጎታች መኪና
shatakka oluvchi yuk avtomobili

የቆሻሻ ጭነት መኪና
axlat mashinasi

ሞተር
motor

ነዳጅ
yoqilg'i

የቤንዚን ማደያ
yoqilg'i quyish shahobchasi

የመንገድ ምልክት
yo'l belgisi

የመኪኖች እንቅስቃሴ
yo'l harakati

የመኪና መጨናነቅ
tirband

የመኪና ማቆሚያ
avtomobil to'xtab turish joyi

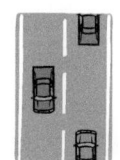
የባቡር ጣቢያ
poyezd bekati

የባቡር ሀዲዶች
rels

ባቡር
poyezd

የኤሌክትሪክ ባቡር
tramvay

ሰረገላ
vagon

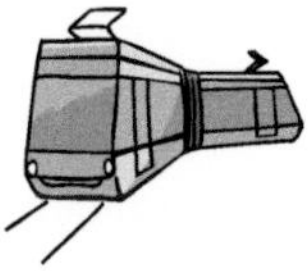

መጓጓዣ - transport

ሄሊኮፕተር
vertolyot

አየር ማረፊያ
aeroport

ማማ
minora

መንገደኛ
yoʻlovchi

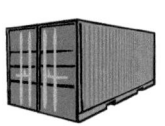
ማስቀመጫ፤ ማጠራቀሚያ
konteyner

ካርቶን እቃ ማሸጊያ
qogʻoz quti

ጋሪ፤ ተሳቢ
aravacha

ቅርጫት
savat

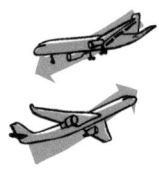
መነሳት/ ማረፍ
uchmoq / qoʻnmoq

ከተማ
shahar

መንደር
qishloq

የከተማ ማዕከል
shahar markazi

ቤት
uy

ከተማ - shahar

ሲኒማ
kinoteatr
ማስታወቂያ
reklama
የመንገድ ዳር መብራት
ko'cha chirog'i
መንገድ
ko'cha
ታክሲ
taksi haydovchi
የቁርስ መቆያ ሱቅ
tamaddixona
piyoda
ድንጋይ የተነጠፈበት የ ግረኛ
መንገድ
yo'lka
የ ግረኛ መሻገሪያ
piyodalar o'tish joyi
የቆሻሻ
ማጠራቀሚያ
urna
ማቋረጫ
chorraha
የትራፊክ
መብራቶች
yo'lchiroq

ጎጆ

kulba

አፓርታማ

kvartira

የባቡር ጣቢያ

poyezd bekati

የከተማ አዳራሽ

mahalliy hokimiyat binosi

ቤተ መዘክር

muzey

ትምህርት ቤት

maktab

ዩኒቨርስቲ
oliygoh

ባንክ
bank

ሆስፒታል
shifoxona

ሆቴል
mehmonxona

መድሐኒት ቤት
dorixona

ቢሮ
idora

መፅሐፍ መሸጫ
kitob doʻkoni

ሱቅ
doʻkon

የአበባ መሸጫ
gul doʻkoni

የሸቀጣ ሸቀጥ መደብር
supermarket

ገበያ ስፍራ
bozor

መደብር
univermag

የዓሳ ነጋዴ
baliq doʻkoni

የገበያ ማዕከል
savdo markazi

ወደብ
bandargoh

ከተማ - shahar

መናፈሻ ቦታ

istirohat bog‘i

አግዳሚ ወንበር

bank

ድልድይ

ko‘prik

ደረጃዎች

zinapoya

ዉስጥ ለዉስጥ

metro

ዋሻ

yer osti yo‘li

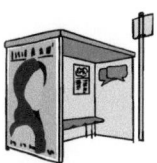

የአዉቶቡስ ፌርማታ

avtobus bekati

ባር

bar

ምግብ ቤት

restoran

የፖስታ ሳጥን

pochta qutisi

የመንገድ ምልክት

ko‘cha yozuv osma taxtasi

የመኪና ማቆሚያ ሒሳብ የሚያሰላ ማሽን

to‘xtab turish vaqtini hisoblagach

የደር እንስሳት ማቆያ

hayvonot bog‘i

የመዋኛ ገንዳ

basseyn

መስጊድ

masjid

እርሻ
chorvachilik xoʻjaligi

የሚበክል ነገር
atrof-muhit ifloslanishi

መቃብር ስፍራ
qabriston

ቤተ ክርስቲያን
ibodatxona

መጫወቻ ሜዳ
bolalar oʻyingohi

ቤተ መቅደስ
ehrom

መልከዓምድር
manzara

ቅጠል — yaproq
የመንገድ ላይ ምልክት — yoʻlkoʻrsatgich
መንገድ — yoʻl
አረንጓዴ መስክ — oʻtloq
ድንጋይ — tosh
ዛፍ — daraxt
በእግሩ የሚጓዝ — sayyoh
ወንዝ — daryo
ሳር — maysa
አበባ — gul

መልከዓምድር - manzara

ሸለቆ

vodiy

ኮረብታ

qir

ሀይቅ

ko‘l

ጫካ

o‘rmon

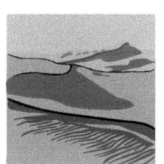

በረሃ

cho‘l

እሳተ ገሞራ

vulkan

ግምብ

qal’a

ቀስተ ዳመና

kamalak

እንጉዳይ

qo‘ziqorin

የቴምብር ዛፍ/ ዘንባባ

palma daraxti

ቢንቢ/ የወባ ትንኝ

pashsha

በራሪ

chivin

ጉንዳን

chumoli

ንብ

asalari

ሸረሪት

o‘rgimchak

ጢንዚዛ
qo'ng'iz

እንቁራሪት
qurbaqa

ሽኮኮ
olmaxon

ጃርት
tipratikon

ጥንቸል
quyon

ጉጉት ወፍ
ukki

ወፍ
qush

የዉሃ ዳክዬ
oqqush

ከርከሮ
erkak cho'chqa

አጋዘን
bug'u

አጋዘን
butoq shohli kiyik

ግድብ
to'g'on

በነፋስ የሚሽከረከር
shamol generatori

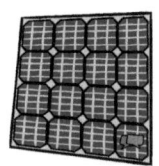

የፀሀይ ፓኔሎ
quyosh batareyasi

አየር ንብረት
iqlim

ምግብ ቤት
restoran

አስተናጋጅ — ofitsiant
ማዉጫ — taomnoma
ወንበር — stul
ሾርባ — sho'rva
ፒዛ — pitstsa
የጠረጴዛ ጨርቅ — dasturxon
መክተፊያ — oshxona anjomlari

የምግብ ፍላጎትን የሚከፍት ምግብ
gazak

ዋና ምግብ
asosiy taom

ማጣጣሚያ ተከታይ ምግብ
desert

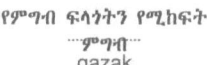

መጠጦች
ichimliklar

ምግብ
taom

ጠርሙስ
butilka

ፈጣን ምግብ

tez pishar taom

የመንገድ ምግብ

ko‘cha taomi

የሻይ ማንቆርቆሪያ

choynak

የስኳር እቃ

shakardon

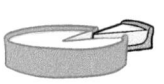

ድርሻ

portsiya

የቡና ማፊያ ማሽን

espresso kofe mashinasi

ባለጌ ወንበር

bolalar kursichasi

የክፍያ ደረሰኝ

hisob

ትሪ

lagan

ቢላዋ

pichoq

ሹካ

sanchqi

ማንኪያ

qoshiq

የሻይ ማንኪያ

choy qoshiq

ልብስ ምግብ እንዳይነካ የሚረዳ ጨርቅ

qo‘l sochiq

ብርጭቆ

stakan

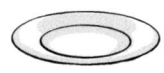

ዝርግ ሰሀን

likop

የሾርባ ጎድጓዳ ሰሀን

sho‘rva kosa

የስኒ ማስቀመጫ

taqsimcha

ማጣፈጫ ስጎ

qayla

የጨዉ እቃ

tuzdon

የተፈጨ ቃሪያ

qalampir yanchgich

ኮምጣጤ

sirka

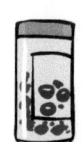

የምግብ ዘይት

yog‘

ቀመማ ቅመሞች

ziravorlar

የቲማቲም ድልህ

ketchup

ሰናፍጭ

xantal

ማዮኒዝ

mayonez

የሸቀጣ ሸቀጥ መደብር

supermarket

ልዩ አቅራቦት
chegirma
ደምበኛ
mijoz
የወተት ተዋፅዖ
sut mahsulotlari
ፍራፍሬ
meva
ባለ ጎማ የእጅ ጋሪ
xarid aravasi

ሉካንዳ ነጋዴ
....
qassobxona

መጋገርያ
....
nonvoyxona

ክብደት መመዘን
....
tarozida o‘lchamoq

ቅጠላ ቅጠል አትክልት
....
sabzavot

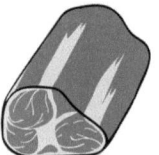

ስጋ
....
go‘sht

የቀዘቀዘ/የረጋ ምግብ
....
muzlatilgan taomlar

20 የሸቀጣ ሸቀጥ መደብር - supermarket

ቀዝቃዛ ቁራጭ

yaxna go‘sht

የታሸገ ምግብ

konserva

የማጠቢያ ዱቄት

kir yuvish vositasi

ጣፋጮች

shirinliklar

የቤት ዉስጥ ዉጤቶች

kundalik iste’mol taomlari

የፅዳት ምርቶች

yuvish vositalari

የሽያጭ ባለሙያ

sotuvchi

የገንዘብ መመዝቢያ ማሽን

kassa

የሒሳብ ሰራተኛ

kassachi

የግዢ ዝርዝር

xarid ro‘yxati

ክፍት ሰዓታት

ish vaqti

የኪስ ቦርሳ

hamyon

ክሬዲት ካርድ

omonat karta

ቦርሳ

xalta

የፕላስቲክ ቦርሳ

tsellofan xalta

መጠጦች

ichimliklar

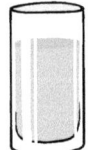

ዉሃ

....

suv

ጭማቂ

....

sharbat

ወተት

....

sut

ኮካ-ኮላ

....

koka-kola

ወይን

....

vino

ቢራ

....

pivo

አልኮል

....

spirtli ichimlik

ኮካ

....

kakao

ሻይ

....

choy

ቡና

....

kofe

የተፈላ ቡና

....

espresso

ካፕቺኖ

....

kapuchino

ምግብ
taom

ሙዝ

banan

ፖም

olmaxon

ብርቱካን

apelsin

ሀብሀብ

qovun

ሎሚ

limon

ካሮት

sabzi

ነጭ ሽንኩርት

sarimsoq

ሸምበቆ

bambuk

ቀይ ሽንኩርት

piyoz

እንጉዳይ

qo‘ziqorin

ለዉዝ

yong‘oq

የህፃናት ምግብ

lag‘mon

ምግብ - taom 23

ፓስታ

spagetti

ሩዝ

guruch

ሰላጣ

salat

የድንች ጥብስ

kartoshka-fri

ድንች ጥብስ

qovurilgan kartoshka

ፒዛ

pitstsa

ዳቦ ዉስጥ በስሱ ተጠብሶ የገባ ስጋ

gamburger

ሳንድዊች

sendvich

ጥሬ ስጋ

to‘qmoqlangan to‘sh qiymasi

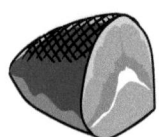

የአሳማ ስጋ

dudlangan cho‘chqa go‘shti

በቅመምና በጨዉ የታሸ ምግብ ቀዝቅዞ የሚበላ ሾርባ ምግብ

salyami kolbasasi

ቋሊማ

sosiska

ዶሮ

tovuq go‘shti

ጥብስ

qovurilgan

አሳ

baliq

የአጃ ገንፎ
suli bo'tqasi

ከወተት ጋር ተደባልቀዉ የሚበሉ ምግቦች
myusli

የበቆሎ ቅርፊት
makkajo'xori yormasi

ዱቄት
un

ኩራሳ
frantsuz bulochkasi

ድብልብል ዳቦ
bulochka

ዳቦ
non

መጥበስ
qizartirilgan non burdasi

ብስኩት
pishiriq

ቅቤ
sariyog'

እርጎ
tvorog

ኬክ
pirog

እንቁላል
tuxum

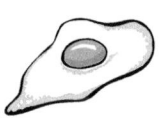

እንቁላል ጥብስ
qovurilgan tuxum

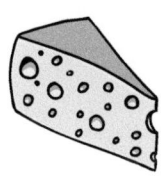

አይብ
pishloq

ምግብ - taom

የበረዶ ክሬም	ስኳር	ማር
muzqaymoq	shakar	asal

ማርማላት	የተናጠ የወተት ክሬም	ማጣፈጫ
murabbo	shokolad pastasi	zarchava

እርሻ
chorvachilik xo‘jaligi

የገበሬ ቤት
dehqon uyi
የእህልና የከብት ማቀመጫ ቤት
pichanxona
የጭድ ክምር
poxol tuguni
ሜዳ
dala
ፈረስ
ot
ተሳቢ መኪና
tirkama
የፈረስ ዉርንጭላ
qulun
የእርሻ መኪና
traktor
አህያ
eshak
በግ
qo‘y
የበግ ጠቦት
qo‘zi

ፍየል

echki

ላም

sigir

ጥጃ

buzoq

አሳማ

cho‘chqa

ግልገል አሳማ

cho‘chqa bolasi

ኮርማ

buqa

ይ

g‘oz

ክዬ

o‘rdak

ዶሮ ጫጩት

jo‘ja

ዶ

tovuq

ዉራ ዶሮ

xo‘roz

ይጥ

kalamush

ድመት

mushuk

ይጥ

sichqon

በሬ

ho‘kiz

ዉሻ

it

ዉሻ ቤት

katalak

ትክልት ቦታ

hovli bog‘ shlangi

ዉሃ ማጠጫ ባልዲ

gulchelak

ጅም ማጭድ

belo‘roq

ማ ሻ

temir omoch

ማጭድ

qo‘lo‘roq

መኮትኮቻ

chopqi

እህል መንሽ

panshaxa

መጥረቢያ

bolta

ር ር/ እጅ ጋሪ

g‘altakarava

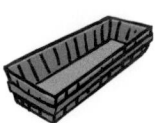

ገዳ

oxur

ወተት ዕቃ

sut bidoni

ንያ ከረጢት

to‘rva

አጥር

panjara

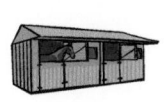

ፈረስ ጋጣ

og‘ilxona

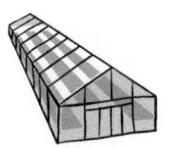

ዕፅዋት ማሳደጊያ መስታዉት ቤት

issiqxona

አፈር

tuproq

ዘር

urug‘

መሬት ማዳበሪያ

o‘g‘it

ጥምር ማረሻ

kombayn

አዝመራ መሰብሰብ
hosil olmoq

አዝመራ
yig'im-terim

ድንች
yams

ስንዴ
bug'doy

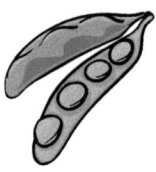

ሶያ
soya

ድንች
kartoshka

በቆሎ
makkajo'xori

የከብት መኖ
raps urug'i

የፍሬ ዛፍ
mevalı daraxt

የካሳቫ ዛፍ
maniok

እህል
yorma

እርሻ - chorvachilik xo'jaligi

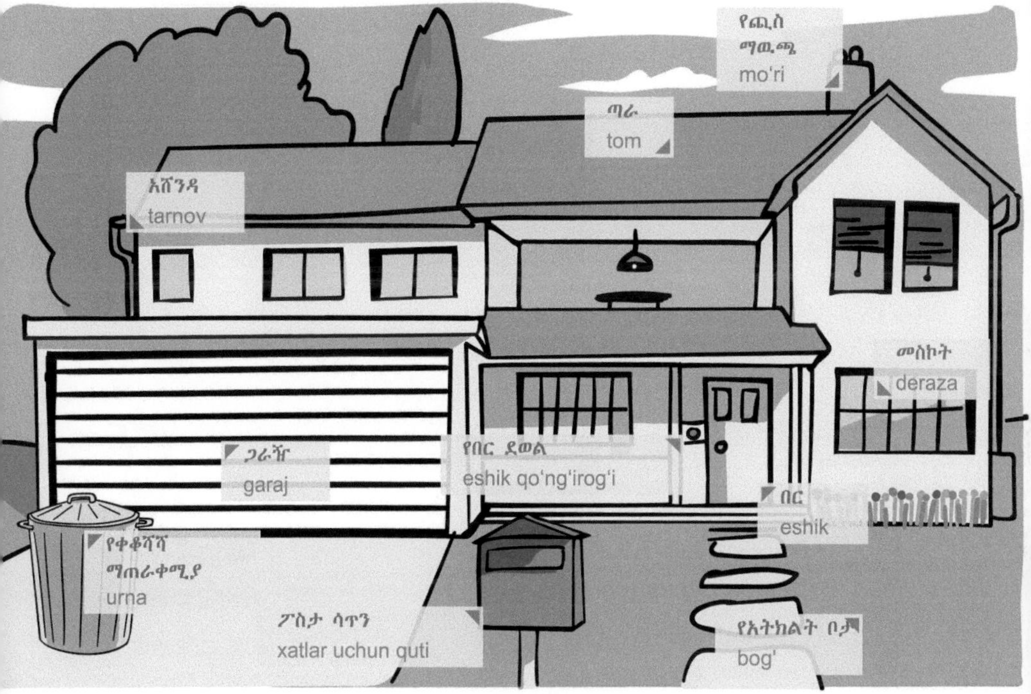

ቤት
uy

የጪስ ማዉጫ
mo‘ri
ጣራ
tom
አሸንዳ
tarnov
መስኮት
deraza
ጋራዥ
garaj
የበር ደወል
eshik qo‘ng‘irog‘i
በር
eshik
የቆሻሻ ማጠራቀሚያ
urna
ፖስታ ሳጥን
xatlar uchun quti
የአትክልት ቦታ
bog'

ሳሎን

mehmonxona

መታጠቢያ ቤት

vannaxona

ማድቤት

oshxona

መኝታ ቤት

yotoqxona

የልጅ ክፍል

bolalar xonasi

መመገቢያ ክፍል

oshxona

ቤት - uy

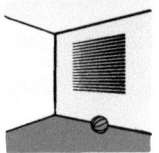

ወለል
pol

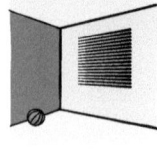

ግድግዳ
devor

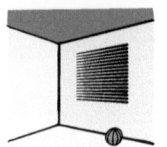

ጣሪያ
ship

ምድር ቤት
podval

በእንፋሎት ሙቀት መታጠቢያ ቤት
sauna

ሰገነት
balkon

ከፍ ያለ መደብ
ayvon

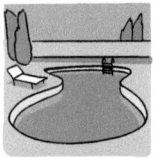

የመዋኛ ገንዳ
basseyn

የማጨጃ መኪና
oʻt oʻrgich mashina

አንሶላ
koʻrpajild

የአልጋ ልብስ
choyshab

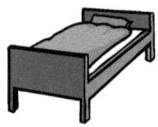

አልጋ
krovat

መጥረጊያ
supurgi

ባልዲ
paqir

ማብሪያና ማጥፊያ
murvat

ቤት - uy

ሳሎን
mehmonxona

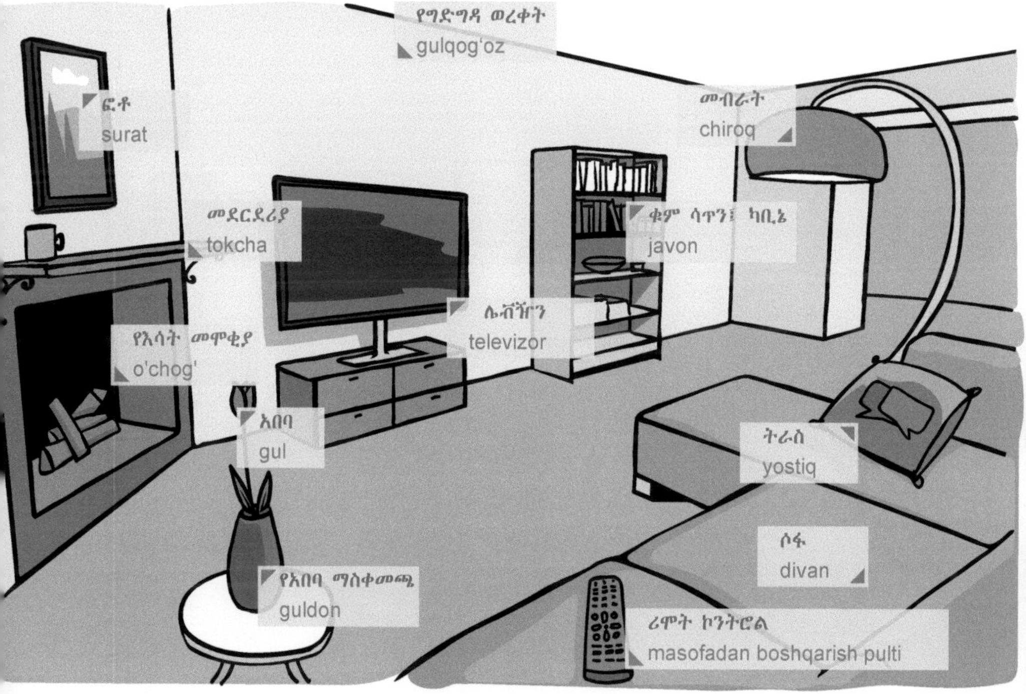

- የግድግዳ ወረቀት — gulqog'oz
- ፎቶ — surat
- መብራት — chiroq
- መደርደሪያ — tokcha
- ቁም ሳጥን፣ ካቢኔ — javon
- የእሳት መሞቂያ — o'chog'
- ሉቪዥን — televizor
- አበባ — gul
- ትራስ — yostiq
- የአበባ ማስቀመጫ — guldon
- ሶፋ — divan
- ሪሞት ኮንትሮል — masofadan boshqarish pulti

ንጣፍ
gilam

መጋረጃ
parda

ጠረጴዛ
stol

ወንበር
stul

ተወዛዋዥ ወንበር
tebranma kursi

ባለመደገፊያ ወንበር
kreslo

ሳሎን - mehmonxona

መጽሐፍ kitob	ብርድ ልብስ ko'rpa	ጌጥ hasham

ማገዶ o'tin	ፊልም kino	የሙዚቃ መማጫወቻ stereo qurilma

ቁልፍ kalit	ጋዜጣ gazeta	ስዕል rasm

የተለጠፈ ማስታወቂያ እንደ ስዕል plakat	ራዲዮ radio	ማስታወ ደብተር yon daftar

የ የር ማፅጃ ለምንጣፍ chang yutgich	ቁልቁል kaktus	ማ sham

ሳሎን - mehmonxona

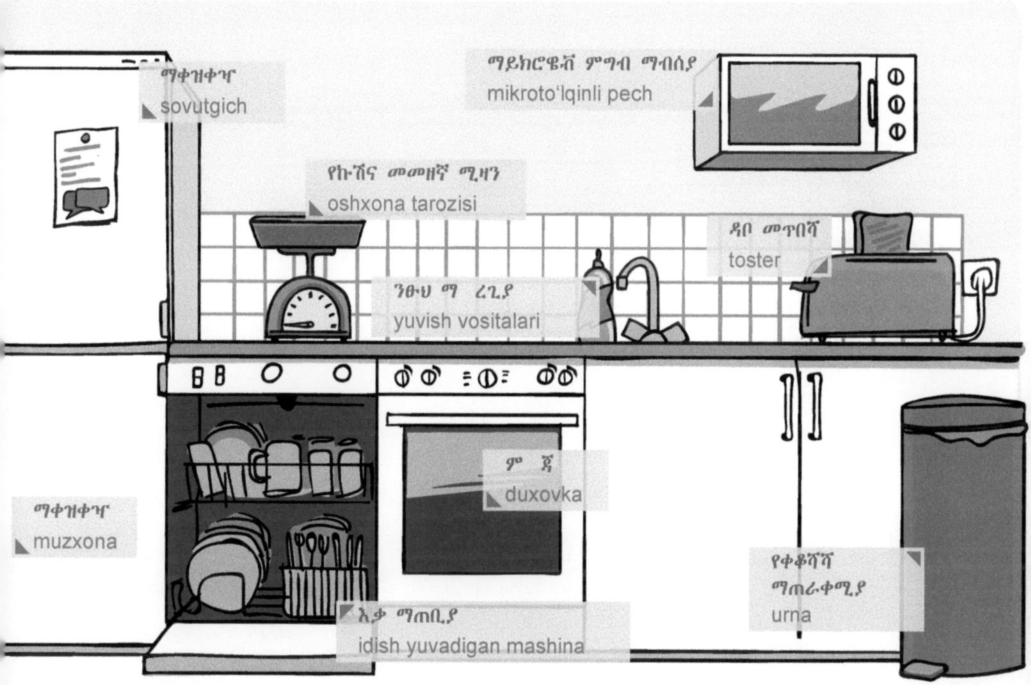

ማድቤት
oshxona

ማቀዝቀዣ — sovutgich

ማይክሮዌቭ ምግብ ማብሰያ — mikroto'lqinli pech

የኩሽና መመዘኛ ሚዛን — oshxona tarozisi

ዳቦ መጥበሻ — toster

ንጹህ ማ ረጊያ — yuvish vositalari

ማቀዝቀዣ — muzxona

ም ጀ — duxovka

የቆሻሻ ማጠራቀሚያ — urna

እቃ ማጠቢያ — idish yuvadigan mashina

ምግብ አብሳይ
plita

ማሰሮ
kastryul

የብረት ማሰሮ
cho'yan qozon

ምግብ ማብሰያ ዝርግ ስት
bo'rtma tubli tova

የምግብ መጥበሻ
tova

ማንቆርቆ ያ
chovgun

የእንፋሎት ማብሰያ

mantiqasqon

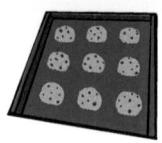

የመጋገሪያ ትሪ

tunuka tova

ሰብስቦች

chinni idish

ትልቅ ኩባያ

krushka

ጎድጓዳ ሳህን

kosa

ቾፕስቲክስ

taom yeyish tayoqchalari

ጭልፋ

cho‘mich

መሰቅሰቂያ ዝርግ ማንኪያ

kurakcha

ማደባለቂያ

ko‘pırtırgıch

መወጠሪያ

chovli

ወንፊት

elak

መፈርፈሪያ መሳሪያ

qirg‘ich

ሲሚንቶ

hovoncha

የፍም ጥብስ

gril

የተለቀቀ እሳት

olov

መክተፊያ

oshtaxta

ተንሸራታች መርፌ

juva

የጠርሙስ መክፈቻ

parmasimon tiqin ochgich

ጣሳ

konserva

የጣሳ መክፈቻ

konserva ochgich

የማሰሮ መሸፈኛ

tutgich

ሳህን ማጠቢያ

unitaz

ብሩሽ

idish cho‘tka

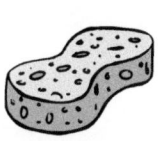

ስፖንጅ

qozonsochiq

መደባለቂያ መሳሪያ

qorishtirgich

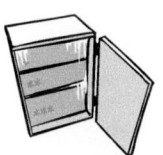

በጣም ማቀዝቀዣ

muzlatgich

ጡጦ

so‘rg‘ichli chaqaloq butilkasi

ቧንቧ

kran

መታጠቢያ ቤት

vannaxona

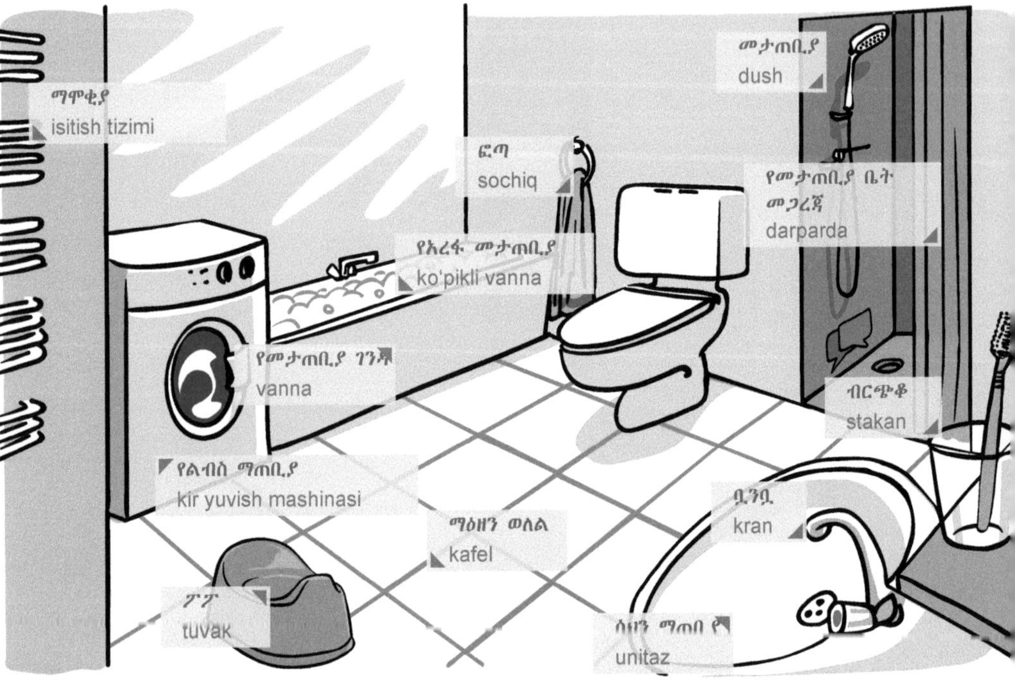

ማሞቂያ
isitish tizimi
መታጠቢያ
dush
ፎጣ
sochiq
የመታጠቢያ ቤት መጋረጃ
darparda
የአረፋ መታጠቢያ
ko'pikli vanna
የመታጠቢያ ገንዳ
vanna
ብርጭቆ
stakan
የልብስ ማጠቢያ
kir yuvish mashinasi
ማዕዘን ወለል
kafel
ቧንቧ
kran
ፖፖ
tuvak
unitaz

ሽንት ቤት

hojatxona

የሽንት ቤት መቀመጫ

polga o'rnatiladigan unitaz

ሳፋ

tahoratdon

የመንገድ ዳር መሽኛ

siydik unitazi

የሽንት ቤት ወረቀት

hojatxona qog'ozi

የሽንት ቤት ማፅጃ ብሩሽ

hojatxona cho'tkasi

38 መታጠቢያ ቤት - vannaxona

የጥርስ ብሩሽ

tish cho‘tka

የጥርስ ሳሙና

tish pastasi

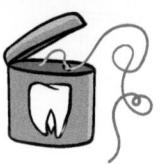

የጥርስ ማፅጃ ክር

tish tozalagich ip

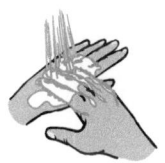

መታጠብ

yuvmoq

የእጅ መታጠቢያ

dastakli dush

መታጠቢያ

tahorat uchun dush

ጎድጓዳ ሳህን

tog‘ora

የጀርባ ብሩሽ

yelka qashlaydigan cho‘tka

ሳሙና

sovun

መታጠቢያ የሚዝለገለግ ሳሙና

dush uchun gel

የፀጉር መታጠቢያ ሳሙና

shampun

ለስላሳ ጨርቅ

mochalka

ፍሳሽ

quvur

ክሬም

krem

ጠረን መቀየሪያ ንጥረ ነገር

dezodorant

መስታወት

....

ku'zgu

የእጅ መስታወት

....

qo‘l ku'zgusi

ምላጭ

....

ustara

የመላጫ አረፋ

....

ustara uchun ko‘pik

ከመላጨት በኋላ የሚቀባ ሽቱ

....

salqinlantiruvchi balzam

ማበጠሪያ

....

taroq

ብሩሽ

cho‘tka

የፀጉር ማድረቂያ

....

fen

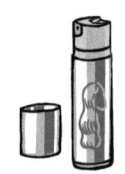

በፀጉር ላይ የሚነፋ

....

soch uchun lak

የፊት መቀባቢያ

....

pardoz-andoz

የከንፈር ቀለም

....

lab uchun pomada

የጥፍር ቀለም

....

tirnoq laki

የጥጥ ሱፍ

....

paxta

ጥፍር መቁረጫ

....

tirnoq qaychisi

ሽቶ

....

atir

ማጠቢያ ባልዲ

pardoz-andoz xaltasi

መቀመጫ

kursi

ዛን

tarozi

የመታጠቢያ ልብስ

cho‘milish xalati

የላስቲክ ጓንት

rezina qo‘lqop

ሞዴስ

tampon

የፅዳት ፎጣ

gigiyenik taglik

የሽንት ቤት ኬ ካል

biohojatxona

የልጅ ክፍል
bolalar xonasi

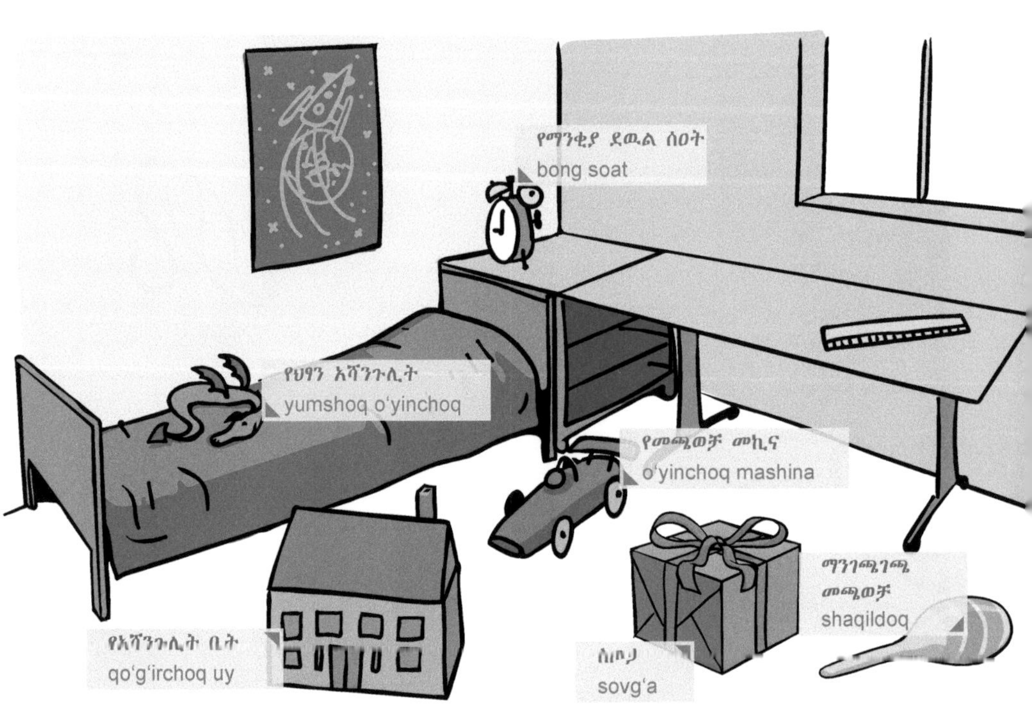

የማንቂያ ደዉል ሰዐት
bong soat
የህፃን አሻንጉሊት
yumshoq o‘yinchoq
የመጫወቻ መኪና
o‘yinchoq mashina
ማንገጫገጫ
መጫወቻ
shaqildoq
የአሻንጉሊት ቤት
qo‘g‘irchoq uy
ስጦታ
sovg‘a

ፊኛ

shar

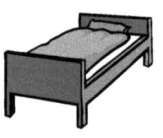

አልጋ

krovat

የህፃን ማንሸራሸሪያ ጋሪ

bolalar aravachasi

የካርታ መጫወቻ

karta to‘plami

ቁርጥራጭ ምስሎችን የማገጣጠም
እና ምስል የማግኘት ጨዋታ

terma tasvir

አዝናኝ

kulgili sahna asari

ተገጣጣሚ መጫወቻ

lego g‘ishtlari

የመጫወቻ መገጣጠሚያዎች

o‘yinchoq kubiklar

የድርጊት ምስል

o‘yinchoq qahramon

የህፃን እድገት

polzunka

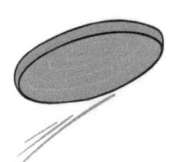

የፕላስቲክ መጫወቻ ዝርግ ሰሀን

uchar likopcha

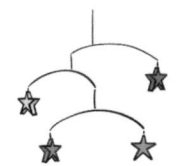

ተወዛዋዥ የህፃን ማጫወቻ

osma shaqildoq

የሰሌዳ ጨዋታ

stol o‘yini

የመጫወቻ ጠጠር

oshiq

የመጫወቻ ባቡር

poyezd maketi

የእንጀራ እናት ጡጦ

so‘rg‘ich

ድግስ

o‘tirish

የስዕል መፅሀፍ

rasmli kitob

ኳስ

koptok

አሻንጉሊት

qo‘g‘irchoq

መጫወት

o‘ynamoq

የአሸዋ መጫወቻ

qumdon

ዥዋዥዌ

arg‘imchoq

መጫወቻዎች

o‘yinchoqlar

የቪዲዮ መጫወቻ

o‘yin pristavkasi

ባለ ሶስት ጎማ ብስክሌት

uch g‘ildirakli velosiped

የአሻንጉሊት ድብ

baxmal ayiq

ቁምሳጥን

kiyim shkafi

አልባሳት

kiyim

ካልሲዎች

paypoq

ስቶኪንጎች

chulki

ታይት

kolgotka

ነጠላ ጫማዎች
....
shippak

ጫማዎች
....
tufli

የዝናብ ቡትስ
....
rezina etik

ሙታንታ
....
tor tursik

ጡት መያዣ
....
ko‘krakpech

ሰደርያ
....
mayka

ሰዉነት

bodi

ሱሪዎች

ishton

ጅንስ

jinsi

ጉርድ ቀሚስ

yubka

ሸሚዝ

kofta

ሸሚዝ

ko'ylak

የሚጠለቅ ሹራብ

jemper

ሹራብ

uzun chakmon

ዩኒፎርም ጃኬት

sport bichimidagi pidjak

ጃኬት

kurtka

ኮት

palto

የዝናብ ኮት

plash

ልብስ

libos

ቀሚስ

ko'ylak

የሙሽራ ቀሚስ

kelin ko'ylak

ሱፍ

kostyum shim

የለሊት ልብስ

tungi ko‘ylak

የለሊት ልብስ

pijama

ረጅም ቀሚስ

sari

ሂጃብ

sholro‘mol

ጥምጣም

salla

ቡርቃ

paranji

ሸርጥ

chakmon

አባያ

abaya

የዋና ልብስ

cho‘milish kostyumi

አጭር ቁምጣ

tursik

ቁምጣዎች

shortik

የስራ ቱታ

sport kostyumi

ሸርጥ

fartuk

ጓንት

qo‘lqop

ቁልፍ

tugma

መነፅር

ko'zoynak

አምባር

bilaguzuk

የአንገት ሀብል

munchoq

ቀለበት

uzuk

የጆሮ ጌጥ

sirg'a

ኮፍያ

kepka

የኮት መስቀያ

palto ilgak

ኮፍያ

shlyapa

ከረቫት

bo'yinbog'

ዚፕ

zamok

የብረት ቆብ

dubulg'a

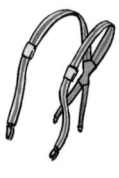

መደገፊያ

shim tortgich

የትምህርት ቤት የደንብ ልብስ

maktab formasi

የደንብ ልብስ

forma

መሃረብ
oshxo'rak

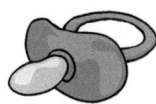
የእንጀራ እናት ጡጦ
so'rg'ich

ሽንት ጨርቅ
taglik

ቢሮ
idora

ማሰራጫ ጣቢያ
server

የፋይል መደርደሪያ ካቢኔ
qog'oz-hujjatlar shkafi

የህትመት መሳሪያ
printer

መቆጣጠሪያ
ekran

ወረቀት
qog'oz

መፃፊያ ጠረጴዛ
ish stoli

ማዊዝ
sichqoncha

ማህደር
papka

የመፃፊ ቁልፎች
klaviatura

የቆሻሻ ወረቀት መጣያ ቅርጫት
urna

ኮምፒዉተር
kompyuter

ወንበር
stul

የቡና መጠጫ ትልቅ ኩባያ
kofe krujkasi

ማስሊያ ማሽን
kalkulyator

ኢንተርኔት
internet

ላፕቶፕ
noutbuk

ደብዳቤ
xat

መልዕክት
maktub

ተንቀሳቃሽ ስልክ
uyali telefon

የግንኙነት አዉታር
tarmoq

ማባዣ ማሽን
nusxa ko'chirgich

ሶፍትዌር
dastur

ስልክ
telefon

የግድግዳ ሶኬት
rozetka

የፋክስ ማሽን
faks

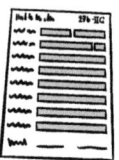
ቅፅ
shakllar

ሰነድ
hujjat

ኢኮኖሚ

iqtisod

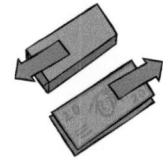

መግዛት

xarid qilmoq

መክፈል

to‘lamoq

መነገድ

savdolashmoq

ገንዘብ

pul

ዶላር

dollar

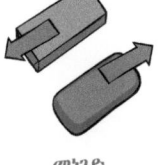

ዩሮ

yevro

የን

yyen

ሩብል

rubl

የስዊዝ ፍራንክ

shvetsar franki

ሬንሚንቢ ዩዋን

Jenminbi xitoy yuani

ሩጲ

rupi

የገንዘብ ነጥብ

bankomat

ኢኮኖሚ - iqtisod 51

የዉጭ ገንዘብ ምንዛሪ ቢሮ
pul ayirboshlash shahobchasi

ወርቅ
oltin

ብር
kumush

ዘይት
neft

ሀይል፤ ጉልበት
energiya

ዋጋ
narx

ግንኙነት
shartnoma

ቀረጥ
soliq

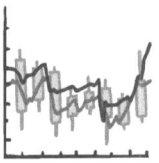

አክስዮን
aktsiya

መስራት
ishlamoq

ተቀጣሪ
ishchi

ቀጣሪ
ish beruvchi

ፋብሪካ
zavod

ሱቅ
do'kon

ኢኮኖሚ - iqtisod

የስራ ሙያዎች

kasblar

የፖሊስ አዛዥ
politsiyachi
የእሳት አደጋ ሰራተኛ
o‘t o‘chiruvchi
ምግብ አብሳይ
oshpaz
ዶክተር
shifokor
አብራሪ
uchuvchi

አትክልተኛ

bog‘bon

አናጢ

duradgor

ልብስ ሰፊ ሴት

tikuvchi

ዳኛ

hakam

ቀማሚ

kimyogar

ተዋናይ

aktyor

የስራ ሙያዎች - kasblar 53

የአዉቶቢስ ሹፌር
avtobus haydovchi

የታክሲ ሹፌር
taksi haydovchisi

አሳ አጥማጅ
baliq ovlovchi

ፅዳት ሰራተኛ
farrosh

የጣራ ሰራተኛ
tom ustasi

አስተናጋጅ
ofitsiant

አዳኝ
ovchi

ሰዓሊ
bo'yoqchi

ጋጋሪ
nonvoyxona

የኤሌትሪክ ሰራተኛ
elektr ustasi

ገምቢ
quruvchi

መሃንዲስ
muhandis

ልኳንዳ
qassob

የቧንቧ ሰራተኛ
suvchi chilangar

የፖስታ ሰራተኛ
pochtachi

ወታደር

askar

መሃንዲስ

me'mor

የሒሳብ ሰራተኛ

kassachi

አበባ ሻጭ

gulchi

የፀጉር ሰራተኛ

sartarosh

ቲኬት ቆራጭ

chiptachi

መካኒክ

mexanik

ካ ቴን

kapitan

የጥርስ ሐኪም

tish shifokori

ተመራማሪ

olim

መምህር

yaxudiylar ruhoniysi

የሙስሊም ሃይማኖታዊ መሪ

imom

መነኩሴ

rohib

ካህን

ruhiniy

መሳሪያዎች
asboblar

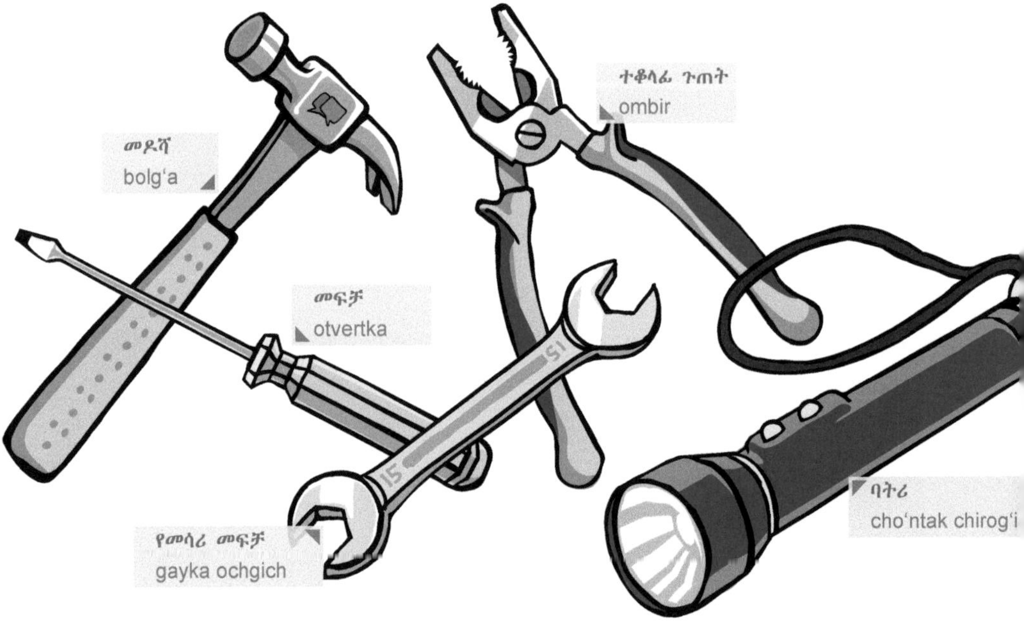

መዶሻ / bolg'a

ተቆላፊ ጉጠት / ombir

መፍቻ / otvertka

የመሳሪ መፍቻ / gayka ochgich

ባትሪ / cho'ntak chirog'i

በቁፋሮ የሚዝቅ
ekskavator

የመፍቻ ሳጥን
asboblar qutisi

መሰላል
narvon

መጋዝ
qo'larra

ምስማር
mix

መሰርሰሪያ
parmadasta

መጠገን

tuzatmoq

አካፋ

belkurak

የተረገመ!

Jin ursin!

ቆሻሻ ማፈሻ

xokandoz

የቀለም ቆርቆሮ

bo‘yoq idish

ብሎን

burama mix

የሙዚቃ መሳሪያዎች

musiqa asboblari

የድምፅ ማጉያ መሳርያ
radiokarnay
የከበሮ መሳሪያዎች
urib chalinadigan musiqa asboblari
ክራር መሰል የሙዚቃ መሳሪያ
gitara
ድርብ ቤዝ ጊታር
kontrabas
የትንፋሽ ሙዚቃ መሳሪያ
surnay

የሙዚቃ መሳሪያዎች - musiqa asboblari 57

ፒያኖ

....

pianino

ቫዮሊን

....

g‘ijjak

ወፍራም፤ ጎርናና ድምፅ ያለዉ
ክራር መሰል ሙዚቃ መሳሪያ

....

bas-gitara

ነጋሪት

....

qo‘shnog‘ora

ከበሮ

....

do‘mbira

በኤሌክትሪክ የሚሰራ ፒኖ

....

klaviatura

የትንፋሽ ሙዚቃ መሳሪያ

....

saksofon

ዋሽንት

....

nay

የድምፅ ማጉያ

....

mikrofon

የደር እንስሳት ማቆያ
hayvonot bogʻi

የደር እንስሳት ማቆያ - hayvonot bogʻi

መመገቢያ / kirish
ነብር / arslon
ሳጥን / qafas
የሜዳ አህያ / zebra
የእንስሳ ምግብ / yem
ትልቅ ድብ / panda

እንስሳቶች
hayvonlar

ዝሆን
fil

ካንጋሮ
kenguru

አዉራሪስ
karkidon

ትልቅ ዝንጀሮ
gorilla

ድብ
ayiq

ግመል

tuya

ሰጎን

tuyaqush

አንበሳ

sher

ጦጣ

maymun

ቅልጥመ ረዥም ወፍ

qizil g‘oz

በቀቀን

to‘ti

የወዋልታ ድብ

oq ayiq

የዋልታ ወፎች

pingvin

ረጅም ጥርሶች ያሉትአሳ ነባሪ

akula

ጣዎስ

tovus

እባብ

ilon

አዞ

timsoh

የዱር አራዊት የሚጠበቁበት ማቆያን የሚጠብቅ

hayvonot bog‘i qorovuli

አሳ በሊታ የባህር እንስሳ

tyulen

የዱር ድመት

yaguar

ድንክ ፈረስ

to‘pichoq ot

ነብር

qoplon

ጉማሬ

begemot

ቀጭኔ

jirafa

ንስር

burgut

ከርከሮ

erkak cho‘chqa

አሳ

baliq

የባህር ኤሊ

toshbaqa

የባህር አውሬ

morj

ቀበሮ

tulki

የሜዳ ፍየል፤ሚዳቋ

ohu

የስፖርት አይነቶች

sport o‘yinlari

እግር ኳስ

futbol

የላበ ኳስ ጨዋታ

badminton

አትሌቲክስ

yengil atletika

የእጅ ኳስ ስፖርት

qo‘lto‘pi

የበረዶ መንሸራተት ስፖርት

chang‘i uchish

ፈረስ ግልቢያ

polo

እንቅስቃሴዎች
mashg'ulot

መዝለል sakramoq

መሳቅ kulmoq

ማቀፍ quchmoq

መራመድ yurmoq

መዘመር kuylamoq

ህልም ማለም hayol qilmoq

መጸለይ ibodat qilmoq

መሳም o'pmoq

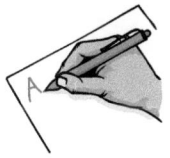

መፃፍ
yozmoq

መሳል
chizmoq

ማለየት
ko'rsatmoq

መግፋት
itarmoq

መስጠት
bermoq

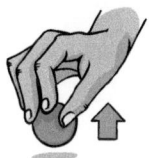

መዉሰድ
olmoq

መያዝ
ega bo'lmoq

ማድረግ
bajarmoq

መሆን
bo'lmoq

መቆም
turmoq

መሮጥ
yugurmoq

መሳብ
tortmoq

መወርወር
uloqtirmoq

መዉደቅ
yiqilmoq

መዋሸት
aldamoq

መጠበቅ
kutmoq

መሸከም
tashimoq

መቀመጥ
o'tirmoq

መልበስ
kiyinmoq

መተኛት
uxlamoq

መንቃት
uyg'onmoq

እንቅስቃሴዎች - mashg'ulot

መመልከት
qaramoq

ማለልቀስ
yig'lamoq

መጫር
zarba bermoq

ማበጠር
taramoq

ማዉራት
gaplashmoq

መረዳት
tushunmoq

ጥያቄ
so'ramoq

ማዳመጥ
tinglamoq

መጠጣት
ichmoq

መብላት
yemoq

ማንፃት
yig'ishtirmoq

ማፍቀር
sevmoq

ምግብ ማብሰል
pishirmoq

መንዳት
haydamoq

መብረር
uchmoq

እንቅስቃሴዎች - mashg'ulot

መርከብ መንዳት
kemada suzmoq

ቁጥሮችን ማስላት
sanamoq

ማንበብ
o'qimoq

መማር
o'rganmoq

መስራት
ishlamoq

ማግባት
turmush qurmoq

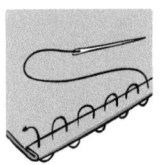
መስፋት
tikmoq

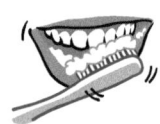
ጥርስ መቦረሽ
tish yuvmoq

መግደል
o'ldirmoq

ማጨስ
chekmoq

መላክ
yo'llamoq

እንቅስቃሴዎች - mashg'ulot

ቤተሰብ
oila

- የሴት አያት / buvi
- የወንድ አያት / buva
- አባት / ota
- እናት / ona
- ህፃን / chaqaloq
- ሴት ልጅ / qiz
- ወንድ ልጅ / o'g'il

እንግዳ
mehmon

አክስት
amma

አጎት
tog'a

ወንድም
aka

እህት
opa

አካል
tana

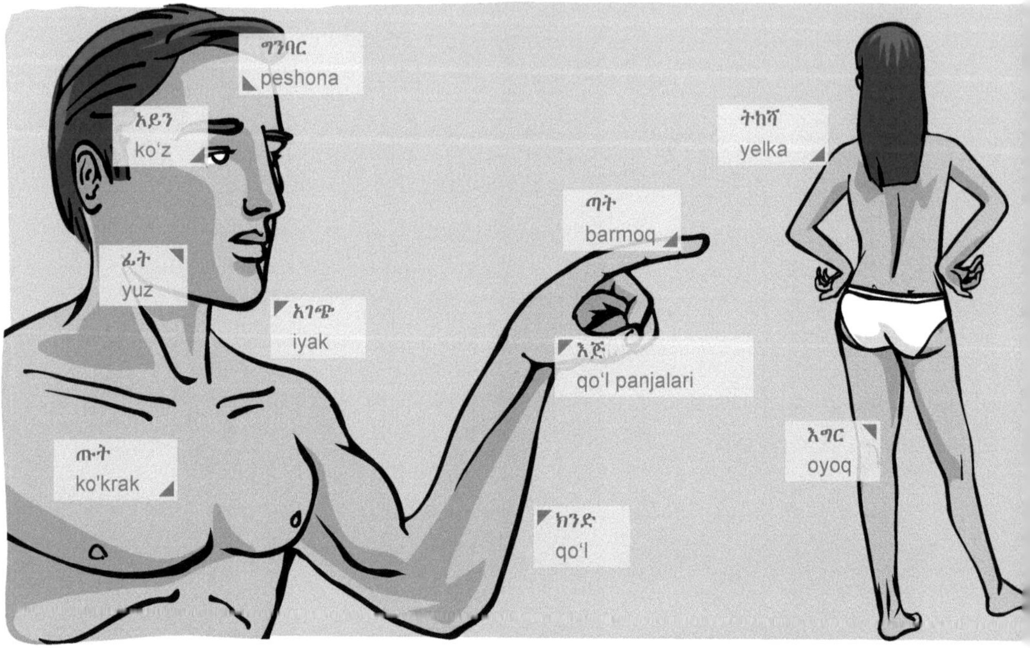

- ግንባር — peshona
- አይን — ko'z
- ፊት — yuz
- አገጭ — iyak
- ጡት — ko'krak
- ትከሻ — yelka
- ጣት — barmoq
- እጅ — qo'l panjalari
- እግር — oyoq
- ክንድ — qo'l

ህፃን
chaqaloq

ሰዉ
odam

ሴት
ayol

ልጃገረድ
qiz bola

ወንድ ልጅ
o'g'il bola

ራስ
bosh

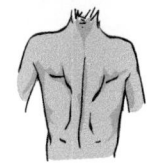 ጀርባ orqa	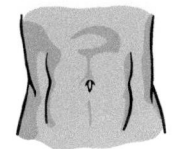 ሆድ qorin	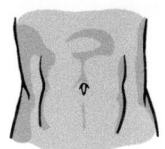 እምብርት kindik
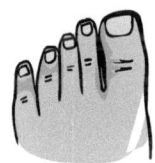 የእግር ጣት oyoq barmoqlari	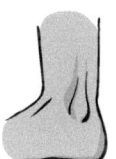 ተረከዝ tovon	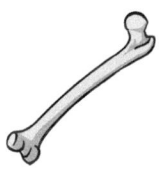 አጥንት suyak
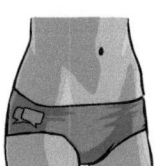 ዳሌ bel	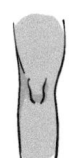 ጉልበት tizza	 ክርን tirsak
 አፍንጫ burun	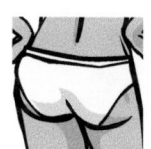 ቂጥ dumba	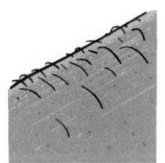 ቆዳ teri
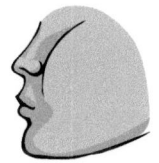 ጉንጭ yanoq	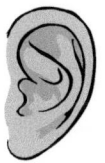 ጆሮ quloq	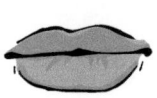 ከንፈር lab

አፍ
og'iz

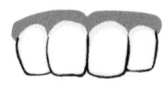

ጥርስ
tish

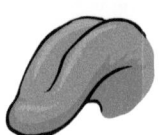

ምላስ
til

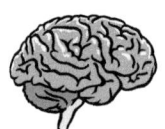

አንጎል
miya

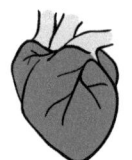

ልብ
yurak

ጡንቻ
mushak

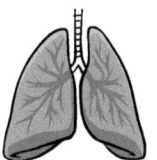

ሳምባ
o'pka

ጉበት
jigar

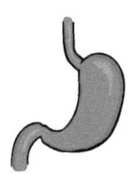

ሆድ
oshqozon

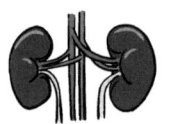

ኩላሊቶች
buyrak

የግብረስጋ ግንኙነት
jinsiy aloqa

ኮንዶም
prezervativ

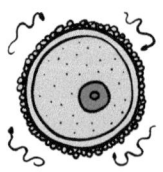

የሴት እንቁላል
tuxum ho'jayra

የዘር ፈሳሽ
urug'

እርግዝና
homiladorlik

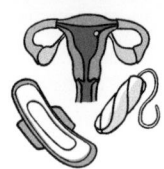

የወር አበባ

hayz

ምስ

bachadon

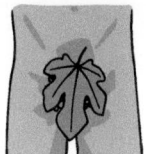

ቁላ

olat

ቅንድብ

qosh

ፀጉር

soch

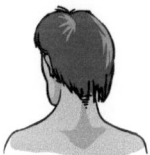

አንገት

bo‘yin

ሆስፒታል
shifoxona

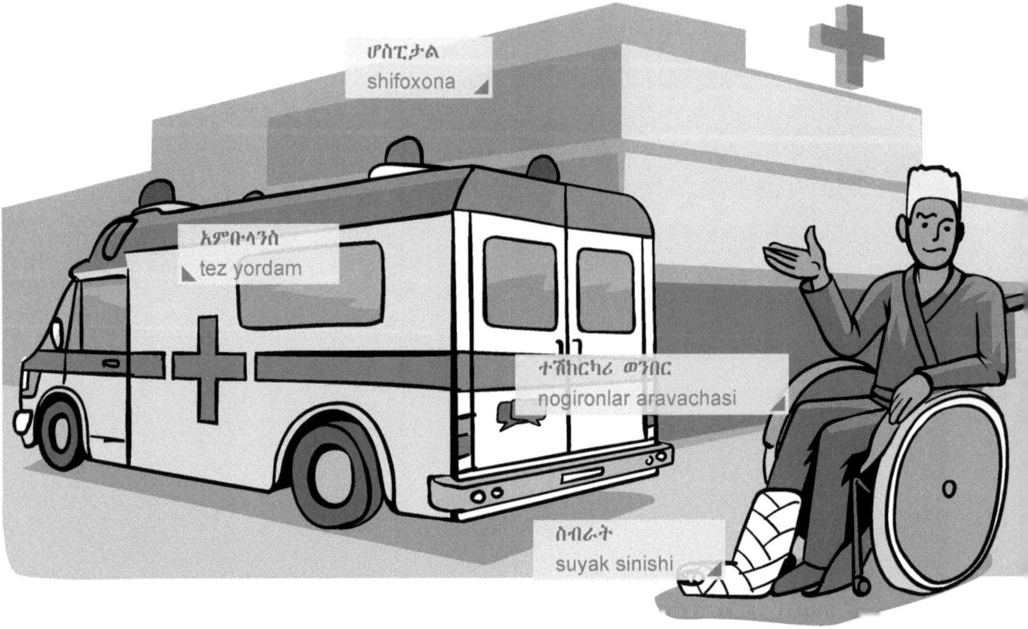

ሆስፒታል / shifoxona

አምቡላንስ / tez yordam

ተሽከርካሪ ወንበር / nogironlar aravachasi

ስብራት / suyak sinishi

ዶክተር

shifokor

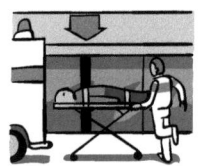

ድንገተኛ ክፍል

Shoshilich tibbiy yordam ko'rsatish bo'limi

ነርስ

hamshira

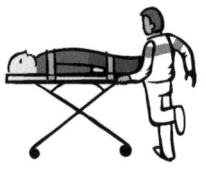

ድንገተኛ

tez yordam

ራስን መሳት/ አለማወቅ

hushsizlik

ህመም

og'riq

ጉዳት
jarohat

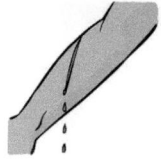
መድማት
qonash

የልብ ድካም
yurak xuruji

ስትሮክ
insulьt

አለርጂ
allergiya

ሳል
yo'tal

ትኩሳት
isitma

ኢንፍሎዌንዛ
tumov

ተቅማጥ
ichburug'

የራስ ምታት
bosh og'rig'i

ካንሰር
saraton kasalligi

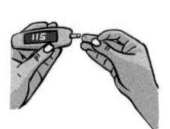
የስኳር በሽታ
qandli diabet

ቀዶ ጠጋኝ ሐኪም
jarroh

የቀዶ ጥገና ስለት
jarroh pichog'i

ቀዶ ጥገና
jarrohlik amaliyoti

ሆስፒታል - shifoxona

ሲቲ

tomografiya

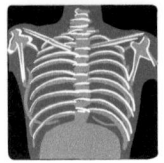

ኤክስሬዮ

rentgen

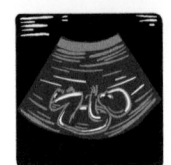

አልትራሳዉንድ

ultratovush tekshiruvi

የፊት ጭምብል

yuz niqobi

በሽታ

kasallik

መጠበቂያ ክፍል

qabulxona

ምርኩዝ

qo‘ltiqtayoq

የቁስል ማሸጊያ

malhamli plastir

ፋሻ

bint

መርፌ

ukol

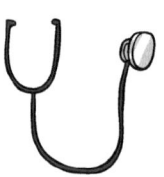

የልብ ምት ማዳመጫ መሳሪያ

yurak urushini va o‘pkani eshitib ko‘radigan asbob

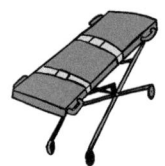

የበሽተኛ አልጋ

bemorlar uchun zambil

የህክምና ሙቀት መለኪያ መሳሪያ

termometr

መውለድ

tug‘ruq

ከልክ ያለፈ ክብደት

semizlik

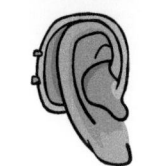

ለመስማት የሚረዳ መሳሪያ
eshitish moslamasi

ፀረ ተባይ መድሀኒት
dezinfektsiyalovchi vosita

ማመርቀዝ
infektsiya

ቫይረስ
virus

ኤች አይቪ ኤድስ
OIV / OITS

ህክምና
dori

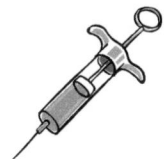

ክትባት
emlash

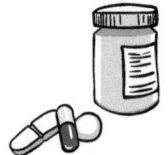

ኪኒን
tabletka

ኪኒን
dori

አስቸኳይ የስልክ ጥሪ
tez yordam qoʻngʻirogʻi

ደም ግፊት መቆጣጠሪያ
qon bosimini oʻlchash asbobi

ህመም/ ጤንነት
kasal / sogʻlom

ሆስፒታል - shifoxona

ድንገተኛ

tez yordam

እርዳታ!

Yordamga!

ማንቂያ ደዉል

xavf-xatar ishorasi

ጥቃት

tajovuz

ድብደባ

hujum

አደጋ

xavf

የድንገተኛ መዉጫ

favqulodda holatlarda chiqish eshigi

እሳት!

Yong‘in

እሳት ማጥፊያ

o‘t o‘chirgich

አደጋ

falokat

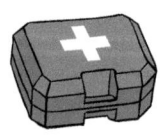

የመጀመሪያ እርዳታ መድሃኒት መያዣ

birinchi tibbiy yordam to‘plami

ነፍስ አድን

falokat signali

ፖሊስ

politsiya

ምድር
yer

አዉሮፓ
Yevropa

ሰሜን አሜሪካ
Shimoliy Amerika

ደቡብ አሜሪካ
Janubiy Amerika

አፍሪካ
Afrika

እስያ
Osiyo

አዉስትራሊያ
Avstraliya

አትላንቲክ
Anlantika okeani

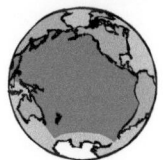
ፓስፊክ
Tinch okeani

የህንድ ዉቅያኖስ
Hind okeani

አንታርክቲክ ዉቅያኖስ
Antarktida okeani

አርክቲክ ዉቅያኖስ
Arktika okeani

ሰሜን ዋልታ
Shimoliy qutb

ደቡብ ዋልታ
Janubiy qutb

አንታርክቲካ
Antarktika

ምድር
yer

መሬት
o'lka

ባህር
dengiz

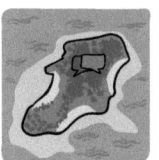
ደሴት
orol

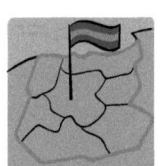
አገርና ህዝብ
millat

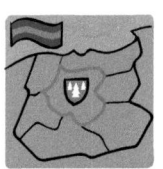
መንግስት
davlat

ሰዓት

soat

የሰዓት ገፅታ

astronomik vaqt ko'rsatgichi

ሰዓት

soat mili

ደቂቃ

daqiqa mili

ሴኮንድ

lahza mili

ስንት ሰዓት ነው?

Soat necha?

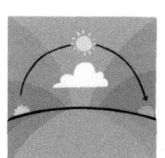

ቀን

kun

ጊዜ

vaqt

አሁን

hozir

የቁጥር ሰዐት

raqamli soat

ደቂቃ

daqiqa

ሰዓታት

soat

ሳምንት
xafta

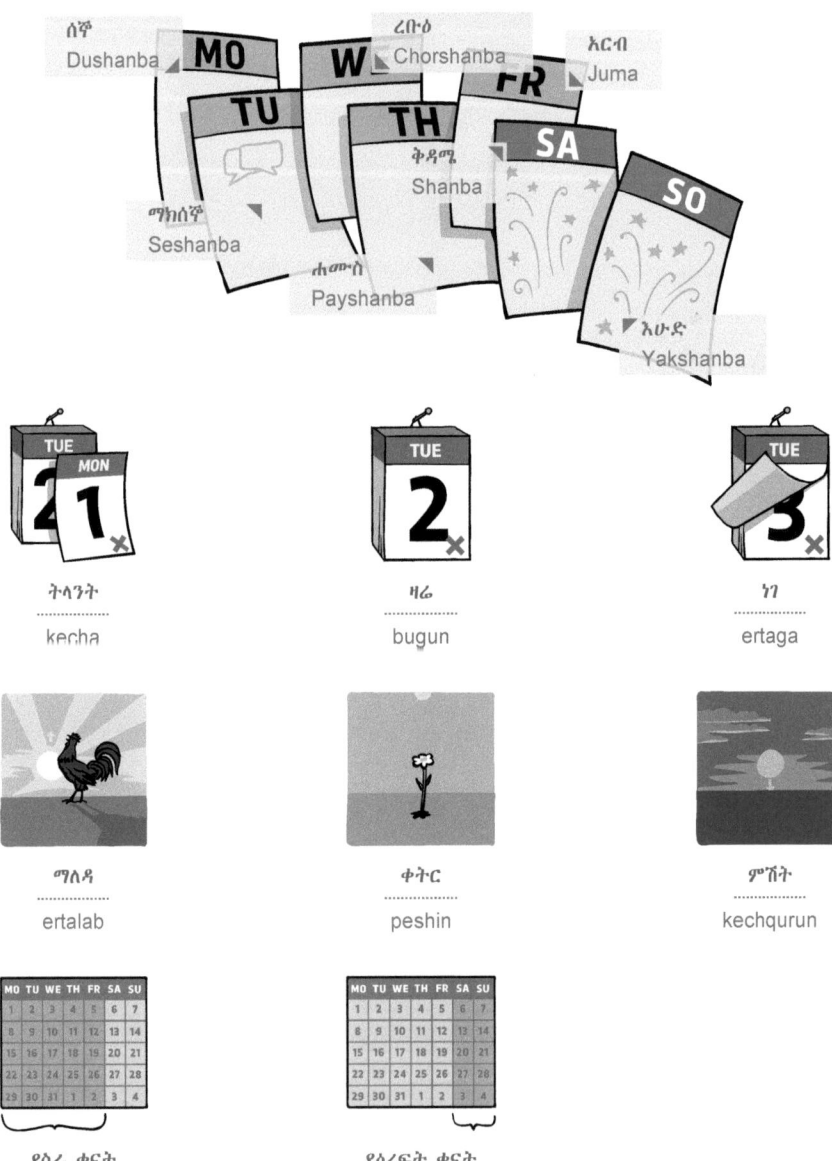

ሰኞ Dushanba
MO
ረቡዕ Chorshanba
W
ዓርብ Juma
FR
TU
TH
ቅዳሜ Shanba
SA
ማክሰኞ Seshanba
ሐሙስ Payshanba
SO
እሁድ Yakshanba

ትላንት
kecha

ዛሬ
bugun

ነገ
ertaga

ማለዳ
ertalab

ቀትር
peshin

ምሽት
kechqurun

የስራ ቀናት
ish kunlari

የዕረፍት ቀናት
dam olish kunlari

ዓመት

yil

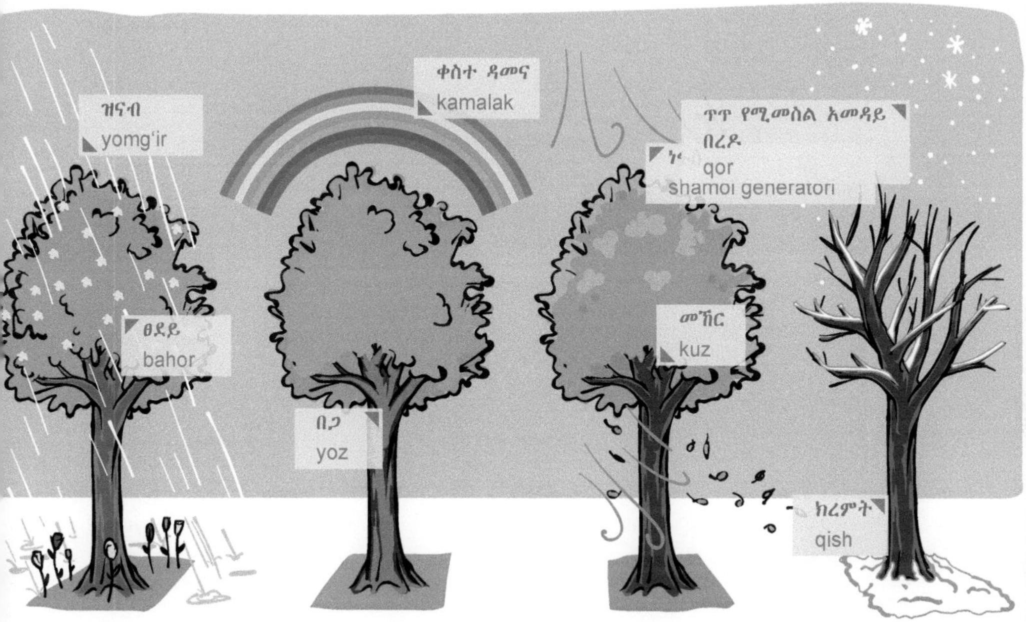

ዝናብ
yomg'ir
ቀስተ ዳመና
kamalak
ጥጥ የሚመስል አመዳይ
በረዶ
qor
shamol generatori
ፀደይ
bahor
በጋ
yoz
መኸር
kuz
ክረምት
qish

4.APRIL 11°
5.APRIL 4°
6.APRIL 13°
7.APRIL 8°
8.APRIL 10°

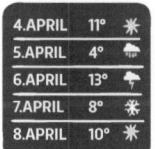

የአየር ሁኔታ ትንበያ

ob-havo ma'lumoti

F C
120 40
90 30
60 20
30 10
0 0
-30 -10
-20

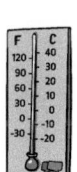

የሙቀት መለኪያ

termometr

የፀሀይ ሙቀት

quyoshli

ደመና

bulut

ጭጋግ

tuman

እርጥበታማነት

namgarchilik

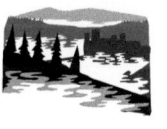

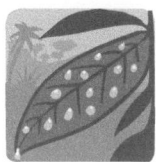

መብረቅ

chaqmoq

ነጎድጓድ

momoqaldiroq

አዉሎ ንፋስ

bo'ron

የበረዶ ዝናብ

do'l

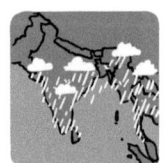

አዉሎ ንፋስ

namgarchilik mavsumi

ጎርፍ

toshqin

በረዶ

muz

ጥር

Yanvar

የካቲት

Fevral

መጋቢት

Mart

ሚያዚያ

Aprel

ግንቦት

May

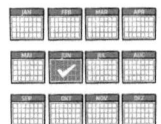

ሰኔ

Iyun

ሐምሌ

Iyul

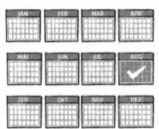

ነሀሴ

Avgust

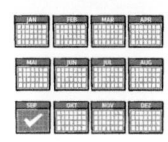

መስከረም

Sentyabr

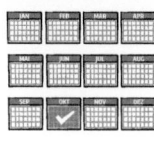

ጥቅምት

Oktyabr

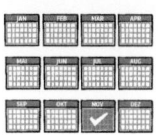

ህዳር

Noyabr

ታህሳስ

Dekabr

ቅርፆች

shakllar

ክብ

aylana

አራት ማዕዘን

kvadrat

አራት ቀጥተኛ ማዕዘኖች ጎኖች ያሉት ቅርፅ

to'rtburchak

ሶስት ማዕዘን

uchburchak

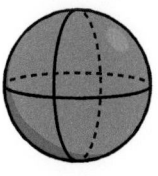

ሉል

doira

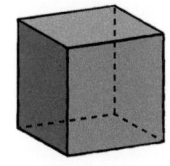

ስድስት ጎን ያለዉ ቅርፅ

kub

ቀለማት
ranglar

ነጭ
oq

ቢጫ
sariq

ብርቱካናማ
sabzi rang

ሮዝ
pushti

ቀይ
qizil

ወይን ጠጅ
to'q qizil

ሰማያዊ
ko'k

አረንጓዴ
yashil

ቡኒ
jigar rang

ግራጫ
kul rang

ጥቁር
qora

ተቃራኒዎች
qarama-qarshi ma’noli so'zlar

ብዙ/ ጥቂት

ko‘p / oz

ንዴት/ እርጋታ

g'azabli / xotirjam

ቆንጆ/ አስቀያሚ

go‘zal / xunuk

ጅማሬ/ ፍፃሜ

boshi / oxiri

ትልቅ/ ትንሽ

katta / kichik

ደማቅ/ ደብዛዛ

yorug‘ / qorong‘u

ወንድም/ እህት

aka / singil

ንፁህ/ ቆሻሻ

toza / iflos

የተሟላ/ ያልተሟላ

to‘liq / chala

ቀን/ ምሽት

kun / tun

የሞተ/ ህያዉ

o‘lik / tirik

ሰፊ/ ጠባብ

keng / tor

ተቃራኒዎች - qarama-qarshi ma’noli so'zlar 85

የሚበላ/ የማይበላ

yesa bo‘ladigan / yesa bo‘lmaydigan

ክፉ/ ደግ

yovuz / xayrli

ደስተኛ/ ድብርተኛ

hayajonli / zerikarli

ወፍራም/ ቀጭን

semik / oriq

SO

መጀመርያ/ መጨረሻ

birinchi / oxirgi

ጓደኛ/ ጠላት

do‘st / dushman

ሙሉ/ ጎዶሎ

to‘la / bo‘sh

ጠንካራ/ ለስላሳ

qattiq / yumshoq

ከባድ/ ቀላል

og‘ir / yengil

ረሃብ/ ጥማት

ochlik / chanqov

ህመም/ ጤንነት

kasal / sog‘lom

ህገወጥ/ ህጋዊ

noqonuniy / qonuniy

ጎበዝ/ ደደብ

ziyoli / kaltafahm

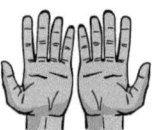

ግራ/ ቀኝ

chap / o‘ng

ቅርብ/ ሩቅ

yaqin / uzoq

86 ተቃራኒዎች - qarama-qarshi ma'noli so'zlar

አዲስ/ አሮጌ

....

yangi / ishlatilgan

ምንም/ የሆነ ነገር

....

hech narsa / bir narsa

ሽማግሌ/ ወጣት

....

qari / yosh

የበራ/ የጠፋ

....

yoniq / o‘chiq

ክፍት/ ዝግ

....

ochiq / yopiq

ፀጥታ/ ጫጫታ

....

past / baland

ሃብታም/ ደሃ

....

boy / kambag‘al

ትክክለኛ/ የተሳሳተ

....

to‘g‘ri / noto‘g‘ri

ሻካራ/ ለስላሳ

....

notekis / tekis

ሐዘን/ ደስታ

....

xafa / xursand

አጭር/ ረዥም

....

qisqa / uzun

ዝግተኛ/ ፈጣን

....

sekin / tez

እርጥብ/ ደረቅ

....

nam / quruq

ሞቃት/ ቀዝቃዛ

....

iliq / salqin

ጦርነት/ ሰላም

....

urush / tinchlik

ቁጥሮች

raqamlar

0	1	2
ዜሮ	አንድ	ሁለት
nol	bir	ikki
3	4	5
ሶስት	አራት	አምስት
uch	to‘rt	besh
6	7	8
ስድስት	ሰባት	ስምንት
olti	yetti	sakkiz
9	10	11
ዘጠኝ	አስር	አስራ አንድ
to‘qqiz	o‘n	o‘n bir

12

አስራ ሁለት

o‘n ikki

13

አስራ ሶስት

o‘n uch

14

አስራ አራት

o‘n to‘rt

15

አስራ አምስት

o‘n besh

16

አስራ ስድስት

o‘n olti

17

አስራ ሰባት

o‘n yetti

18

አስራ ስስምንት

o‘n sakkiz

19

አስራ ዘጠኝ

o‘n to‘qqiz

20

ሃያ

yigirma

100

መቶ

yuz

1.000

ሽህ

ming

1.000.000

ሚሊዮን

million

ቋንቋዎች

tillar

እንግሊዝኛ

Ingliz

የአሜሪካ እንግሊዝኛ

Amerikacha ingliz tili

የቻይና ማንዳሪን

Xitoy tilining Mandarin lahchasi

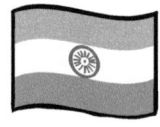

ሂንዱ

Hind

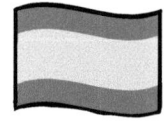

ስፓኒሽ

Ispan

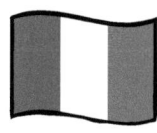

ፍሬንች

Frantsuz

አረብኛ

Arab

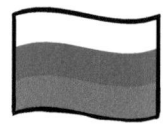

ራሺያኛ

Rus

ፖርቱጊዝ

Portugal

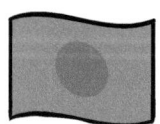

ቤንጋሊ

Bengal

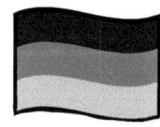

ጀርመን

Nemis

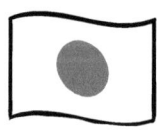

ጃፓንኛ

Yapon

ማን/ ምን/ እንዴት
kim / nima / qanday

እኔ
Men

አንተ
Sen

እሱ/ እርሷ/ እቃዉ
u / u / u

እኛ
biz

አንተ
sizlar

እነርሱ
ular

ማን?
kim?

ምን?
nima?

እንዴት?
qanday?

የት?
qayerda?

መቼ?
qachon?

ስም
ism

የት
qayerda

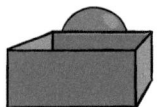

በስተጀርባ
orqada

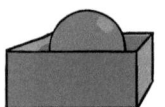

ዉስጥ
ichida

ከፊት ለፊት
oldida

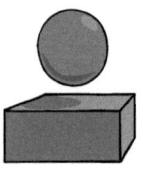

ከላይ
uzra

ላይ
ustida

ከስር
tagida

አጠገብ
yonida

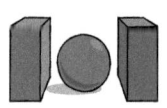

መሃከል
o'rtasida

ቦታ
joy